[Was bedeutet das alles?]

Hannah Arendt

Wir Flüchtlinge

Aus dem Englischen übersetzt
von Eike Geisel

Mit einem Essay
von Thomas Meyer

Reclam

8. Auflage

RECLAMS UNIVERSAL-BIBLIOTHEK Nr. 19398
2016 Philipp Reclam jun. GmbH & Co. KG,
Siemensstraße 32, 71254 Ditzingen

Copyright für den englischen Text
© by the Hannah Arendt Bluecher Literary Trust
Copyright für die deutsche Übersetzung
© Rotbuch Verlag, Berlin

Gestaltung: Cornelia Feyll, Friedrich Forssman
Druck und Bindung: Canon Deutschland Business Services GmbH,
Siemensstraße 32, 71254 Ditzingen
Printed in Germany 2018
RECLAM, UNIVERSAL-BIBLIOTHEK und
RECLAMS UNIVERSAL-BIBLIOTHEK sind eingetragene Marken
der Philipp Reclam jun. GmbH & Co. KG, Stuttgart
ISBN 978-3-15-019398-3
www.reclam.de

Inhalt

Wir Flüchtlinge

Vor allem mögen wir es nicht, wenn man uns »Flüchtlinge« nennt. Wir selbst bezeichnen uns als »Neuankömmlinge« oder als »Einwanderer«. Unsere Nachrichtenblätter sind Zeitungen für »Amerikaner deutscher Sprache«; und soweit ich weiß, gibt es bis heute keinen Club, dessen Name darauf hinweist, dass seine Mitglieder von Hitler verfolgt wurden, also Flüchtlinge sind.

Als Flüchtling hatte bislang gegolten, wer aufgrund seiner Taten oder seiner politischen Anschauungen gezwungen war, Zuflucht zu suchen. Es stimmt, auch wir mussten Zuflucht suchen, aber wir hatten vorher nichts begangen, und die meisten unter uns hegten nicht einmal im Traum irgendwelche radikalen politischen Auffassungen. Mit uns hat sich die Bedeutung des Begriffs »Flüchtling« gewandelt. »Flüchtlinge« sind heutzutage jene unter uns, die das Pech hatten, mittellos in einem neuen Land anzukommen, und auf die Hilfe der Flüchtlingskomitees angewiesen waren.

Vor Kriegsausbruch waren wir sogar noch empfindlicher gegen die Bezeichnung »Flüchtlinge«. Wir taten unser Bestes, um anderen Leuten zu beweisen, dass wir ganz gewöhnliche Einwanderer seien. Wir erklärten, dass wir uns ganz freiwillig auf den Weg in ein Land unserer Wahl gemacht hätten, und bestritten, dass unsere Situation irgend etwas mit »sogenannten jüdischen Problemen« zu tun hätte. Ja, wir waren »Einwanderer« oder auch »Neuankömmlinge«, die eines schönen Tages ihr Land verlassen hatten – sei es, weil es uns nicht mehr passte, sei es eben aus rein wirtschaftlichen Erwägungen heraus. Wir wollten uns eine neue Existenzgrundlage schaffen, das war alles. Man muss ein Optimist und sehr stark sein, wenn man eine neue Existenz aufbauen möchte. Also legen wir großen Optimismus an den Tag.

Unsere Zuversicht ist in der Tat bewundernswert, auch wenn diese Feststellung von uns selbst kommt. Denn schließlich ist die Geschichte unseres Kampfes jetzt bekannt geworden. Wir haben unser Zuhause und damit die Vertrautheit des Alltags verloren. Wir haben unseren Beruf verloren und damit das Vertrauen eingebüßt, in dieser Welt irgendwie von Nutzen zu sein. Wir haben unsere Sprache verloren und mit ihr die Natürlichkeit unserer Reaktionen, die Einfachheit unserer Gebärden und den ungezwungenen Ausdruck unserer Gefühle. Wir haben unsere Verwandten in den polnischen Ghettos zurückgelassen, unsere besten Freunde sind in den Konzentrationslagern umgebracht worden, und das bedeutet den Zusammenbruch unserer privaten Welt.

Aber dennoch haben wir sofort nach unserer Rettung – und die meisten von uns mussten mehrmals gerettet werden – ein neues Leben angefangen und versucht, all die guten Ratschläge, die unsere Retter für uns bereithielten, so genau wie möglich zu befolgen. Man sagte uns, wir sollten vergessen; und das taten wir schneller, als es sich irgendjemand überhaupt vorstellen konnte. Auf ganz freundliche Weise wurde uns klargemacht, dass das neue Land unsere neue Heimat werden würde; und nach vier Wochen in Frankreich oder sechs Wochen in Amerika gaben wir vor, Franzosen bzw. Amerikaner zu sein. Die größeren Optimisten unter uns gingen gewöhnlich sogar so weit, zu behaupten, sie hätten ihr gesamtes vorheriges Leben in einer Art unbewusstem Exil verbracht und erst von ihrem neuen Leben gelernt, was es bedeute, ein richtiges Zuhause zu haben. Es stimmt, dass wir manchmal Einwände erheben gegen den wohlgemeinten Rat, unsere frühere Tätigkeit zu vergessen; auch unsere einstigen Ideale werfen wir in der Regel nur schweren Herzens über Bord, wenn unsere gesellschaftliche Position auf dem Spiel steht. Mit der Sprache haben wir allerdings keine Schwierigkeiten: die Optimisten unter uns sind schon nach einem Jahr der festen Überzeugung, sie sprächen Englisch so gut wie ihre eigene Muttersprache; und nach zwei Jahren schwören sie feierlich, dass sie Englisch besser beherrschten als irgendeine andere Sprache – an die deutsche Sprache erinnern sie sich kaum noch.

Um reibungsloser zu vergessen, vermeiden wir lieber jede Anspielung auf die Konzentrations- und Internierungslager, die wir fast überall in Europa durchgemacht haben – denn das könnte man uns als Pessimismus oder als mangelndes Vertrauen in das neue Heimatland auslegen. Wie oft hat man uns außerdem zu verstehen gegeben, dass das niemand hören möchte; die Hölle ist keine religiöse Vorstellung mehr und kein Phantasiegebilde, sondern so wirklich wie Häuser, Steine und Bäume. Offensichtlich will niemand wissen, dass die Zeitgeschichte eine neue Gattung von Menschen geschaffen hat – Menschen, die von ihren Feinden ins Konzentrationslager und von ihren Freunden ins Internierungslager gesteckt werden.

Selbst untereinander sprechen wir nicht über diese Vergangenheit. Statt dessen haben wir unseren eigenen Weg gefunden, die ungewisse Zukunft zu meistern. Da alle Welt plant und wünscht und hofft, tun wir das auch. Von diesen allgemein menschlichen Verhaltensweisen abgesehen, versuchen wir jedoch, die Zukunft etwas wissenschaftlicher aufzuklären.

Nach so viel Unglück, da wollen wir, dass es künftig bombensicher läuft. Deshalb lassen wir die Erde mit all ihren Ungewissheiten hinter uns und richten unsere Augen auf den Himmel. In den Sternen – und kaum in den Zeitungen – steht nämlich geschrieben –, wann Hitler besiegt sein wird und wann wir amerikanische Staatsbürger[1] sein werden. Wir halten die Sterne für Ratgeber, die vertrauenswürdiger sind als alle unsere Freunde; aus den Sternen deuten wir, wann es angebracht ist, mit unseren Wohltätern essen zu gehen, oder welcher Tag sich am besten dafür eignet, einen der zahllosen Fragebogen, die gegenwärtig unser Leben begleiten, auszufüllen. Manchmal vertrauen wir nicht einmal den Sternen, sondern verlassen uns lieber aufs Handlesen oder auf die Deutung der Handschrift. Auf diese Art erfahren wir weniger über politische Ereignisse, aber umso mehr über unser eigenes liebes Selbst, auch wenn die Psychoanalyse aus der Mode gekommen ist. Vorbei jene glücklicheren Zeiten, in denen gelangweilte Damen und Herren der höheren Gesellschaft die genialen Ungezogenheiten ihrer frühen Kindheit zum Gegenstand der Konversation machten. Sie haben kein

1 Arendt wurde am 11. Dezember 1951 amerikanische Staatsbürgerin, nachdem sie seit ihrer zwangsweisen Ausbürgerung 1937 durch die Nationalsozialisten Staatenlose gewesen war.

Interesse mehr an Gespenstergeschichten; die realen Erfahrungen verschaffen ihnen eine Gänsehaut. Es gibt keinen Bedarf mehr, die Vergangenheit zu verzaubern, die Gegenwart ist verhext genug. Und so greifen wir, trotz unseres erklärten Optimismus, zu allen möglichen Zaubertricks, um die Geister der Zukunft zu beschwören.

Ich weiß nicht, welche Erfahrungen und Gedanken des Nachts in unseren Träumen hausen. Ich wage nicht nach Einzelheiten zu fragen, denn auch ich bliebe lieber optimistisch. Doch manchmal stelle ich mir vor, dass wir zumindest nachts an unsere Toten denken oder uns an die einst geliebten Gedichte erinnern. Ich könnte sogar verstehen, wenn unsere Freunde an der Westküste während der Sperrstunde auf den komischen Gedanken gekommen sein mögen, dass wir nicht nur »künftige Staatsbürger«, sondern im Augenblick »feindliche Ausländer« sind. Am hellichten Tag sind wir natürlich bloß »der Form nach« feindliche Ausländer – das wissen alle Flüchtlinge. Auch wenn es nur »formale« Gründe waren, die einen davon abhielten, das Haus nach Einbruch der Dunkelheit zu verlassen, so ist es bestimmt nicht leicht gewesen, gelegentlich finstere Mutmaßungen über das Verhältnis von Formalien und Wirklichkeit nicht anzustellen.

Mit unserem Optimismus stimmt etwas nicht. Es

gibt unter uns jene seltsamen Optimisten, die ihre Zuversicht wortreich verbreiten und dann nach Hause gehen und das Gas aufdrehen oder auf unerwartete Weise von einem Wolkenkratzer Gebrauch machen. Anscheinend beweisen sie, dass unser erklärter Frohmut auf einer gefährlichen Todesbereitschaft gründet. Wir sind mit der Überzeugung groß geworden, dass das Leben das höchste Gut und der Tod das größte Schrecknis sei, und wurden doch Zeugen und Opfer von Schrecklichkeiten, die schlimmer sind als der Tod – ohne dass wir ein höheres Ideal als das Leben hätten entdecken können. Wenn uns auch vor dem Tod nicht mehr graute, so waren wir deshalb noch lange nicht willens oder fähig, unser Leben für eine Sache aufs Spiel zu setzen. Anstatt zu kämpfen – oder sich Gedanken darüber zu machen, wie man es bewerkstelligen könnte, sich zu widersetzen –, gewöhnten wir Flüchtlinge uns daran, Freunden oder Verwandten den Tod zu wünschen; wenn jemand stirbt, dann führen wir uns frohgemut den ganzen Ärger vor Augen, der ihm erspart geblieben ist. Schließlich landen viele von uns bei dem Wunsch, es möge auch uns einiger Ärger erspart bleiben, und handeln entsprechend.

Seit 1938, seit Hitlers Einmarsch in Österreich, haben wir beobachtet, wie rasch sich der beredte Optimismus in sprachlosen Pessimismus verwandeln kann. Im Verlauf der Zeit hat sich unser Zustand verschlimmert – wir wurden noch zuversichtlicher, und unsere Neigung zum Selbstmord stieg. Die österreichischen Juden unter Schuschnigg[2] waren ein zu herziges Völkchen – alle unvoreingenommenen Beobachter bewunderten sie. Es war wirklich wundervoll, wie tief sie davon überzeugt waren, ihnen könne nichts passieren. Aber als die Deutschen ins Land einmarschierten und die nichtjüdischen Nachbarn mit Überfällen auf jüdische Wohnungen anfingen, da begannen österreichische Juden Selbstmord zu verüben.

Im Unterschied zu anderen Selbstmördern lassen unsere Freunde keine Erklärung ihrer Tat zurück, keine Beschuldigung, keine Anklage gegen eine Welt, die einen verzweifelten Menschen gezwungen hatte, in Wort und Tat bis zuletzt guter Laune zu sein. Sie

2 Kurt Schuschnigg (1897–1977) regierte quasi diktatorisch vom 29. Juli 1934 bis zum 11. März 1938 Österreich (seit 1936 hatte er auch die Führung der österreichischen »Einheitspartei Vaterländische Front« übernommen und wurde »Bundeskanzler und Frontführer« genannt). Nach dem sogenannten »Anschluss« Österreichs durch Nazi-Deutschland wurde er als »Schutzhäftling« in mehreren Konzentrationslagern inhaftiert und wanderte nach dem Krieg in die USA aus; 1968 kehrte er nach Österreich zurück.

lassen ganz gewöhnliche Abschiedsbriefe zurück, bedeutungslose Dokumente. Folglich sind auch unsere Grabreden kurz, verlegen und voller Hoffnung. Niemand schert sich um Motive, denn die scheinen uns allen eindeutig zu sein.

Ich spreche hier von unliebsamen Tatsachen; und zu allem Übel verfüge ich, um meine Sicht der Dinge zu untermauern, nicht einmal über das einzige Argument, das Leute von heute beeindruckt: nämlich über Zahlenangaben. Selbst jene Juden, die ganz wild die Existenz des jüdischen Volkes verneinen, geben uns eine faire Überlebenschance, solange es um Zahlen geht – wie sonst könnten sie beweisen, dass nur einige wenige Juden Kriminelle sind und dass im Krieg viele Juden als gute Patrioten ums Leben kommen? Aufgrund ihrer Bemühungen, das statistische Leben des jüdischen Volkes zu retten, wissen wir, dass unter allen zivilisierten Nationen die Juden die niedrigste Selbstmordrate aufwiesen. Ich bin mir ziemlich sicher, dass jene Angaben nicht mehr gültig sind, doch kann ich dies nicht mit neuen Zahlen belegen, wohl aber mit neuen Erfahrungstatsachen. Soviel für jene skeptischen Geister, die nie ganz davon überzeugt waren, dass man mit einer Schädelmessung auch eine exakte Vorstellung von dessen Inhalt bekäme oder dass Kriminalstatistiken das exakte sittliche Niveau einer Nation anzeigten. Jedenfalls verhalten sich europäische Juden, ganz gleich wo sie leben, heute nicht mehr gemäß den Vorgaben der Statistik. Selbstmorde kommen heute nicht nur unter den von Panik erfassten Menschen in Berlin und Wien, in Bukarest oder Paris vor, sondern auch in New York und Los Angeles, in Buenos Aires und in Montevideo.

Aus den Ghettos und Konzentrationslagern hingegen wird sehr selten von Selbstmorden berichtet. Zwar erhalten wir überhaupt nur spärliche Berichte aus Polen, doch über deutsche und französische Konzentrationslager sind wir immerhin ziemlich gut informiert.

Im Lager Gurs, zum Beispiel, wo ich die Gelegenheit hatte, einige Zeit zu verbringen,[3] hörte ich nur ein einziges Mal von Selbstmord, und zwar als Vorschlag für eine kollektive Aktion, was anscheinend eine Art Protesthandlung war, um die Franzosen in Verlegenheit zu bringen. Als einige von uns bemerkten, dass wir sowieso »pour crever«[4] hierher verfrach-

---

3 1933 war Arendt nach Paris geflohen, wurde dort am 15. Mai 1940 als sogenannte »feindliche Ausländerin« verhaftet und blieb bis Ende Juni im Frauenlager Gurs in den Pyrenäen, aus dem sie wegen der Wirrnisse im Zusammenhang mit dem Vormarsch der Deutschen fliehen und so der sicheren Deportation entgehen konnte.
4 (frz.) ›um zu krepieren‹.

tet worden seien, da schlug die allgemeine Stimmung plötzlich um, und ein leidenschaftlicher Lebensmut brach aus. Es galt allgemein die Auffassung, dass derjenige, der das ganze Unglück noch immer als persönliches Missgeschick anzusehen vermochte und dementsprechend seinem Leben persönlich und individuell ein Ende setzte, schon auf abnorme Weise asozial und an dem allgemeinen Ausgang der Dinge desinteressiert sein musste. Doch sobald dieselben Leute in ihr eigenes individuelles Leben zurückkehrten und dort mit scheinbar individuellen Problemen konfrontiert waren, legten sie wieder jenen ungesunden Optimismus an den Tag, der Tür an Tür mit der Verzweiflung wohnt.

Wir sind die ersten nichtreligiösen Juden, die verfolgt werden, und wir sind die ersten, die darauf – nicht nur *in extremis* – mit Selbstmord antworten. Vielleicht haben die Philosophen recht, die lehren, dass Selbstmord die letzte, die äußerste Garantie menschlicher Freiheit sei: wir besitzen zwar nicht die Freiheit, unser Leben oder die Welt, in der wir leben, zu erschaffen, sind aber dennoch darin frei, das Leben wegzuwerfen und die Welt zu verlassen. Gewiss können fromme Juden sich diese negative Freiheit nicht herausnehmen; sie sehen in der Selbsttötung Mord, nämlich die Zerstörung dessen, was Menschen niemals erschaffen können, sie sehen darin also eine

Einmischung in die Rechte des Schöpfers. *Adonai nathan v'adonai lakach* (»Der Herr hat's gegeben, der Herr hat's genommen«); und sie fügen gewöhnlich hinzu: *baruch schem adonai* (»Der Name des Herrn sei gelobt«). Für sie bedeutet Selbstmord, wie Mord, einen blasphemischen Angriff auf die gesamte Schöpfung. Ein Mensch, der sich selbst umbringt, behauptet damit, dass das Leben nicht lebenswert sei und die Welt nicht wert, ihn zu beherbergen.

Doch unsere Selbstmörder sind keine verrückten Rebellen, die dem Leben und der Welt ihre Missachtung entgegenschleudern, die mit sich das ganze Universum zu töten versuchen. Ihre Art zu verschwinden ist still und bescheiden; sie scheinen sich entschuldigen zu wollen für die heftige Lösung, welche sie für ihre persönlichen Probleme gefunden haben. Im Allgemeinen hatten ihrer Meinung nach politische Ereignisse nichts mit ihren individuellen Schicksalen zu tun; in guten wie in schlechten Zeiten vertrauten sie bisher auf ihre Persönlichkeit. Nun entdecken sie bei sich selbst einige mysteriöse Mängel, die sie daran hindern, zurechtzukommen. Da sie seit frühester Kindheit glaubten, Anspruch auf ein bestimmtes soziales Niveau zu besitzen, halten sie sich selbst für Versager, wenn dieser Standard nicht weiterhin aufrechterhalten werden kann. Ihr Optimismus ist der vergebliche Versuch, den Kopf über

Wasser zu halten. Nach außen heiter, kämpfen sie hinter dieser Fassade dauernd mit der Verzweiflung an sich selbst. Am Ende sterben sie dann an einer Art Selbstsucht.

Wenn wir gerettet werden, fühlen wir uns gedemütigt, und wenn man uns hilft, fühlen wir uns erniedrigt. Wie Verrückte kämpfen wir um eine private Existenz mit individuellem Geschick, denn wir fürchten, in Zukunft zu jenem bedauernswerten Haufen von *Schnorrern* zu gehören, die wir und die vielen früheren Philanthropen unter uns nur allzu gut in Erinnerung haben. Gerade so, wie wir damals nicht verstanden haben, dass der *Schnorrer* für das gesamte jüdische Schicksal stand und nicht einfach ein *Schlemihl* war, so halten wir uns heute nicht für berechtigt, jüdische Solidarität in Anspruch zu nehmen; wir können nicht begreifen, dass es dabei weniger um uns als Einzelne geht, sondern um das ganze jüdische Volk. Manches Mal wurde diese Begriffsstutzigkeit von unseren Beschützern kräftig genährt. So erinnere ich mich an den Direktor einer großen Wohlfahrtseinrichtung in Paris, der immer, wenn er die Visitenkarte eines deutsch-jüdischen Intellektuellen mit dem unvermeidlich aufgedruckten »Dr.« erhielt, lauthals loszulegen pflegte: »Herr Doktor, Herr Doktor, Herr Schnorrer, Herr Schnorrer!«

Die Schlussfolgerung, die wir aus solch unangenehmen Erfahrungen zogen, war ganz einfach. Doktor der Philosophie zu sein, das genügte uns nicht mehr; wir lernten, dass man, um ein neues Leben aufzubauen, das alte erst einmal aufklären muss. Eine kleine hübsche Anekdote wurde erfunden, um unser Verhalten zu beschreiben. Ein einsamer Emigrantendackel sagt in seinem Kummer: »Damals, als ich ein Bernhardiner war …«

Unsere neuen Freunde, die von so vielen Berühmtheiten ziemlich überwältigt sind, verstehen kaum, dass sich hinter allen unseren Schilderungen vergangener Glanzzeiten eine menschliche Wahrheit verbirgt: dass wir nämlich einst Menschen gewesen sind, um die sich andere gekümmert haben, dass unsere Freunde uns gern hatten und dass wir sogar bei den Hausbesitzern dafür bekannt waren, dass wir unsere Miete pünktlich zahlten. Es gab eine Zeit, da konnten wir einkaufen und U-Bahn fahren, ohne dass uns jemand sagte, wir seien unerwünscht. Wir sind ein wenig hysterisch geworden, seit Zeitungsleute damit angefangen haben, uns zu entdecken und uns öffentlich zu erklären, wir sollten aufhören, unangenehm aufzufallen, wenn wir Milch und Brot einkaufen. Wir fragen uns, wie das zu bewerkstelligen sei; wir sind schon so verdammt vorsichtig bei jedem Schritt in unserem Alltag, um ja zu vermeiden, dass jemand errät, wer wir sind, welche Sorte von Pass wir haben, wo unsere Geburtsurkunden ausgestellt worden sind – und dass Hitler uns nicht leiden konnte. Wir tun unser Bestes, um in eine Welt zu passen, in der man zum Einkaufen von Lebensmitteln eigentlich eine politische Gesinnung braucht.

Unter solchen Umständen wird der Bernhardiner immer größer. Ich werde nie jenen jungen Mann vergessen, von dem man die Annahme einer bestimmten Arbeit erwartete und der daraufhin aufseufzte: »Sie wissen nicht, mit wem Sie sprechen; ich war Abteilungsleiter bei Karstadt in Berlin.« Aber es gibt auch jene tiefe Verzweiflung eines Mannes im mittleren Alter, der das endlose Hin und Her verschiedener Komitees über sich ergehen ließ, um gerettet zu werden, und schließlich ausrief: »Und niemand weiß hier, wer ich bin!« Da ihn keiner als ein menschenwürdiges Wesen behandelte, fing er an, Telegramme an große Persönlichkeiten und an seine bedeutenden Verwandten zu schicken. Er lernte schnell, dass es in dieser verrückten Welt viel leichter ist, als »großer Mann« akzeptiert zu werden denn als menschliches Wesen.

Je weniger wir frei sind zu entscheiden, wer wir sind oder wie wir leben wollen, desto mehr versuchen wir, eine Fassade zu errichten, die Tatsachen zu verbergen und in Rollen zu schlüpfen. Wir wurden aus

Deutschland vertrieben, weil wir Juden sind. Doch kaum hatten wir die Grenze zu Frankreich passiert, da wurden wir zu »boches«[5] gemacht. Man sagte uns sogar, wir müssten diese Bezeichnung akzeptieren, wenn wir wirklich gegen Hitlers Rassentheorien wären. Sieben Jahre lang spielten wir die lächerliche Rolle von Leuten, die versuchten, Franzosen zu sein, oder zumindest künftige Staatsbürger; aber bei Kriegsausbruch wurden wir trotzdem als »boches« interniert. In der Zwischenzeit aber waren die meisten von uns tatsächlich derart loyale Franzosen geworden, dass wir nicht einmal einen französischen Regierungserlass kritisieren konnten; und entsprechend erklärten wir, dass es mit unserer Internierung sein Recht habe. Wir waren die ersten »prisonniers volontaires«[6], die die Geschichte je gesehen hat. Nach dem Einmarsch der Deutschen musste die französische Regierung nur den Namen der Firma ändern; man hatte uns eingesperrt, weil wir Deutsche waren, jetzt ließ man uns nicht frei, weil wir Juden waren.

Es ist die nämliche Geschichte auf der ganzen Welt, die sich immer wiederholt. In Europa beschlagnahmten die Nazis unser Eigentum, doch in Brasilien

5 (frz.) abwertende Bezeichnung für Deutsche.
6 (frz.) ›freiwillige Gefangene‹.

müssen wir 30 Prozent unseres Vermögens abliefern, genauso wie das allerloyalste Mitglied des »Bundes der Auslandsdeutschen«. In Paris konnten wir unsere Wohnung nach acht Uhr nicht mehr verlassen, weil wir Juden waren, doch in Los Angeles legt man uns Beschränkungen auf, weil wir »feindliche Ausländer« sind. Unsere Identität wechselt so häufig, dass keiner herausfinden kann, wer wir eigentlich sind.

Unglücklicherweise sieht die Angelegenheit nicht besser aus, wenn wir auf Juden treffen. Die französischen Juden waren der festen Überzeugung, dass alle Juden von jenseits des Rheins »Polacken« seien – also das, was die deutschen Juden »Ostjuden« nannten. Doch jene Juden, die tatsächlich aus Osteuropa kamen, waren anderer Meinung als ihre französischen Brüder und nannten uns »Jecken«. Die Kinder dieser »Jecken«-Hasser – die in Frankreich geborene und schon ziemlich assimilierte zweite Generation – teilten die Ansicht der französisch-jüdischen Oberklasse. Und so konnte es einem passieren, dass man in ein- und derselben Familie vom Vater als »Jecke« und vom Sohn als »Polacke« bezeichnet wurde.

Seit dem Ausbruch des Krieges und der Katastrophe, von welcher die europäische Judenheit erfasst wurde, hat die bloße Tatsache, ein Flüchtling zu sein, es verhindert, dass wir uns mit der einheimischen jüdischen Gesellschaft vermischt haben; einige Ausnahmen bestätigen nur die Regel. Diese ungeschriebenen sozialen Gesetze haben, auch wenn das öffentlich nicht eingestanden wird, die große Macht der öffentlichen Meinung hinter sich. Und solche stillschweigenden Auffassungen und Verhaltensweisen sind für unseren Alltag viel bedeutsamer als alle offiziellen Versicherungen der Gastfreundschaft und Erklärungen des guten Willens.

Der Mensch ist ein geselliges Tier, und sein Leben fällt ihm schwer, wenn er von seinen sozialen Beziehungen abgeschnitten ist. Moralische Wertvorstellungen sind viel leichter im gesellschaftlichen Kontext aufrechtzuerhalten. Nur sehr wenige Individuen bringen die Kraft auf, ihre eigene Integrität zu wahren, wenn ihr sozialer, politischer und juristischer Status völlig verworren ist. Weil uns der Mut fehlt, eine Veränderung unseres sozialen und rechtlichen Status zu erkämpfen, haben wir uns statt dessen entschieden, und zwar viele von uns, einen Identitätswechsel zu versuchen. Und dieses kuriose Verhalten macht die Sache noch viel schlimmer. Die Verwirrung, in der wir leben, haben wir uns teilweise selbst zuzuschreiben.

Eines Tages wird jemand die wirkliche Geschichte der jüdischen Emigration aus Deutschland schreiben; und dann muss er mit der Beschreibung jenes Herrn Cohn aus Berlin beginnen, der immer ein 150prozentiger Deutscher, ein deutscher Superpatriot war. 1933 fand jener Herr Cohn Zuflucht in Prag und wurde umgehend ein überzeugter tschechischer Patriot – ein so treu ergebener tschechischer Patriot, wie er vorher ein deutscher gewesen war. Die Zeit verging, und ungefähr 1937 begann die tschechische Regierung, die schon einigem Druck der Nazis ausgesetzt war, damit, die jüdischen Flüchtlinge auszuweisen, ohne auf die Tatsache, dass sich die Flüchtlinge so unerschütterlich als künftige tschechische Staatsbürger fühlten, Rücksicht zu nehmen. Unser Herr Cohn ging daraufhin nach Wien; um sich dort anzupassen, war ein eindeutiger österreichischer Patriotismus erforderlich. Der deutsche Einmarsch zwang Herrn Cohn, auch dieses Land zu verlassen. Er kam in Paris zu einem ungünstigen Zeitpunkt an und erhielt niemals eine reguläre Aufenthaltsgenehmigung. Da er es im Wunschdenken bereits zu großer Geschicklichkeit gebracht hatte, lehnte er es ab, bloße Verwaltungsmaßnahmen ernst zu nehmen, denn er war davon überzeugt, er werde sein künftiges Leben in Frankreich verbringen. Deshalb bereitete er seine Anpassung an die französische Nation dadurch vor, dass er sich mit »unserem« Vorfahren Vercingetorix[7]

7 Der Averner-Fürst (um 82 – 46 v. Chr.), der vergebens versuchte, mit den vereinigten gallischen Stämmen

identifizierte. Ich lasse mich lieber nicht über die weiteren Abenteuer von Herrn Cohn aus. Solange sich Herr Cohn nicht entscheiden kann, das zu sein, was er tatsächlich ist, nämlich ein Jude, kann keiner all die verrückten Verwandlungen voraussagen, die er noch durchmachen muss.

Ein Mensch, der sein Selbst aufgeben möchte, entdeckt tatsächlich, dass die Möglichkeiten der menschlichen Existenz so unbegrenzt sind wie die Schöpfung. Doch die Erschaffung einer neuen Persönlichkeit ist so schwierig und so hoffnungslos wie eine Neuerschaffung der Welt. Egal was wir tun und wer wir vorgeben zu sein, wir enthüllen damit nur unser wahnwitziges Verlangen, jemand anderer, bloß kein Jude zu sein. Unser ganzes Tun ist darauf ausgerichtet, dieses Ziel zu erreichen: wir wollen keine Flüchtlinge sein, da wir keine Juden sein wollen; wir tun so, als seien wir englischsprachig, da deutschsprachige Emigranten in den letzten Jahren als Juden identifiziert werden; wir nennen uns selbst nicht Staatenlose, weil die Mehrheit der Staatenlosen auf der Welt Juden sind; wir sind bereit, loyale

die römischen Invasoren niederzuringen, wurde seit dem 19. Jahrhundert gern als frühester Nationalheld der Franzosen stilisiert.

Hottentotten[8] zu werden, nur um unser Jude-Sein zu verbergen. Es gelingt uns nicht, und es kann uns auch nicht gelingen; unter der Oberfläche unseres »Optimismus« kann man unschwer die hoffnungslose Traurigkeit von Assimilanten ausmachen.

Bei uns, die wir aus Deutschland kommen, erhielt das Wort Assimilation eine »tiefe« philosophische Bedeutung. Man kann sich kaum vorstellen, wie ernst es uns damit war. Assimilation bedeutete nicht die notwendige Anpassung an das Land, in dem wir nun einmal zur Welt kamen, und an das Volk, dessen Sprache wir zufällig sprachen. Wir passen uns prinzipiell an alles und jeden an. Diese Einstellung wurde mir einmal ganz deutlich durch die Worte eines Landsmannes, der offensichtlich seine Gefühle auszudrücken wusste. Kaum in Frankreich angekommen, gründete er einen dieser Anpassungsvereine, in welchen deutsche Juden sich wechselseitig versicherten, dass sie schon Franzosen seien. In seiner ersten Rede sagte er: »Wir sind in Deutschland gute Deutsche gewesen, und deshalb werden wir in Frankreich gute Franzosen werden.« Das Publikum applaudierte begeistert, und keiner brach in Gelächter aus; wir wa-

8 Von den Buren in Südafrika erstmals (und meist rassistisch-abwertend im Sinne von ›geistig und kulturell unterlegen‹) verwendeter Begriff für Mitglieder der indigenen Völkerfamilie der Khoikhoi.

ren glücklich, dass wir gelernt hatten, unsere Loyalität unter Beweis zu stellen.

Wenn Patriotismus eine Routinefrage oder eine Übungssache wäre, dann müssten wir das patriotischste Volk auf der Welt sein. Wenn wir uns noch einmal unserem Herrn Cohn zu; mit Sicherheit hat er alle Rekorde gebrochen. Er verkörpert jenen idealen Einwanderer, der immer und in jedem Land, wohin ihn sein schreckliches Schicksal verschlagen hat, sofort die einheimischen Berge entdeckt und liebt. Doch da der Patriotismus noch nicht als eine einübbare Haltung angesehen wird, fällt es schwer, die Leute von der Ernsthaftigkeit unserer wiederholten Verwandlungen zu überzeugen. Diese Anstrengungen machen unsere eigene Gesellschaft so intolerant; wir suchen nach einer umfassenden Bestätigung außerhalb unserer eigenen Gruppen, weil wir nicht in der Lage sind, diese von den Einheimischen zu erhalten. Die Einheimischen, die mit so merkwürdigen Wesen wie uns konfrontiert sind, werden misstrauisch; aus ihrer Sicht ist in der Regel nur eine Loyalität gegenüber unseren Herkunftsländern verständlich. Das macht uns das Leben ziemlich bitter. Wir könnten diesen Verdacht vielleicht zerstreuen, wenn wir erklärten, dass, eben weil wir Juden sind, unser Patriotismus schon in unseren Herkunftsländern recht eigentümliche Seiten hatte. Trotzdem sei er wirklich aufrichtig und tief verwurzelt gewesen. Wir schrieben dicke Wälzer, um das zu beweisen; wir bezahlten eine komplette Bürokratie, um die Althergebrachtheit unseres Patriotismus zu erforschen und statistisch zu erklären. Wir ließen von Gelehrten philosophische Abhandlungen verfassen über die prästabilisierte Harmonie zwischen Juden und Franzosen, Juden und Deutschen, Juden und Ungarn, Juden und … Unsere heute so häufig verdächtigte Loyalität hat eine lange Geschichte. Es ist die 150-jährige Geschichte des assimilierten Judentums, das ein Kunststück ohnegleichen vorgeführt hat: obwohl die Juden die ganze Zeit ihre Nichtjüdischkeit unter Beweis stellten, kam dabei nur heraus, dass sie trotzdem Juden blieben.

Die verzweifelte Verlegenheit dieser Irrfahrer, die im Unterschied zu ihrem großartigen Vorbild Odysseus nicht wissen, wer sie sind, lässt sich leicht aus dem perfektionierten Wahn erklären, mit dem sie sich weigern, ihre Identität beizubehalten. Dieser Wahn ist nicht erst in den letzten zehn Jahren entstanden, in denen die vollkommene Absurdität unserer Existenz offenbar wurde; er ist viel älter. Wir verhalten uns wie Leute mit einer fixen Idee, die einfach immer wieder versuchen, ein imaginäres Stigma zu verbergen. Deshalb sind wir von jeder neuen Möglichkeit begeistert, die, weil sie neu ist, Wunder zu wirken scheint. Wir sind von jeder neuen Nationalität so fasziniert wie eine füllige Frau, die sich über jedes neue Kleid freut, das ihr die begehrte Taille verspricht. Doch sie mag das neue Kleid nur, solange sie an dessen wundersame Eigenschaften glaubt, und sie wirft es weg, sobald sie entdeckt, dass es keineswegs ihre Statur und schon gar nicht ihren Status verändert.

Man könnte davon überrascht sein, dass die offensichtliche Nutzlosigkeit all unserer seltsamen Verkleidungen uns bislang noch nicht hat entmutigen können. Wenn es stimmt, dass die Menschen selten aus der Geschichte lernen, gilt auch, dass sie aus persönlichen Erfahrungen lernen können, die, wie in unserem Fall, immer und immer wiederholt werden. Doch ehe jemand den ersten Stein auf uns wirft, sollte er sich zuvor daran erinnern, dass wir als Juden keinerlei rechtlichen Status in dieser Welt besitzen. Wenn wir damit anfingen, die Wahrheit zu sagen, nämlich dass wir nichts als Juden sind, dann würden wir uns dem Schicksal bloßen Menschseins aussetzen; wir wären dann, von keinem spezifischen Gesetz und keiner politischen Konvention geschützt, nichts weiter als menschliche Wesen. Eine gefährlichere Einstellung kann ich mir kaum vorstellen, denn tatsächlich leben wir in einer Welt, in welcher bloße menschliche Wesen schon eine geraume Weile nicht mehr existieren. Die Gesellschaft hat mit der Diskriminierung das soziale Mordinstrument entdeckt, mit dem man Menschen ohne Blutvergießen umbringen kann; Pässe oder Geburtsurkunden, und manchmal sogar Einkommenssteuererklärungen, sind keine formellen Unterlagen mehr, sondern zu einer Angelegenheit der sozialen Unterscheidung geworden. Es stimmt, dass die meisten von uns völlig von gesellschaftlichen Wertvorstellungen abhängig sind; wir büßen unser Selbstvertrauen ein, wenn uns die Gesellschaft nicht schützt; wir sind (und waren bislang immer) bereit, jeden Preis zu zahlen, um von der Gesellschaft angenommen zu werden. Aber es stimmt gleichfalls, dass die ganz wenigen unter uns, die versucht haben, ohne all diese faulen Tricks der Anpassung und Assimilation ihren Weg zu machen, einen zu hohen Preis bezahlt haben: sie setzten die wenigen Chancen aufs Spiel, die sogar ein Vogelfreier in dieser verkehrten Welt noch besitzt.

Die Einstellung dieser wenigen, die man Bernard Lazare[9] zufolge als »bewusste Parias«[10] bezeichnen

9 1865–1903, jüdischer Journalist und Anarchist, der zur Verteidigung des fälschlich beschuldigten Hauptmanns Dreyfus 1896 die Broschüre *Une erreur judiciaire: La vérité sur l'affaire Dreyfus* (»Ein Justizirrtum: Die Wahrheit über die Dreyfus-Affäre«) veröffentlicht hatte.
10 Paria: ein Inder, der keiner Kaste angehört; hier: ein Außenseiter.

könnte, lässt sich durch die jüngsten Ereignisse ebenso wenig erklären wie die Haltung unseres Herrn Cohn, der mit allen Mitteln versucht, den Aufstieg zu schaffen. Beide sind Kinder des 19. Jahrhunderts, das zwar politische und juristische Vogelfreiheit nicht kannte, umso besser aber gesellschaftliche Parias und deren Gegenstück, die Parvenüs[11]. Die moderne jüdische Geschichte, die mit Hofjuden begonnen hatte und sich mit jüdischen Millionären und Philanthropen fortsetzt, unterschlägt leicht diese andere Richtung jüdischer Tradition – die Tradition, in der Heine, Rahel Varnhagen, Schalom Aleichem, Bernard Lazare, Franz Kafka und selbst Charlie Chaplin stehen. Es handelt sich um die Tradition einer Minderheit unter den Juden, die keine Emporkömmlinge sein wollten und den Status des »bewussten Paria« vorzogen. Alle gepriesenen jüdischen Eigenschaften – das »jüdische Herz«, Menschlichkeit, Humor, Unvoreingenommenheit – sind Paria-Eigenschaften. Alle jüdischen Mängel – Taktlosigkeit, politische Dummheit, Minderwertigkeitskomplexe und Geldscheffeln – sind Charaktereigenschaften von Emporkömmlingen. Es hat immer Juden gegeben, die ihre menschliche Einstellung und ihren natürlichen Wirklichkeitssinn nicht

11 (frz.) ›Emporkömmlinge‹.

zugunsten eines engstirnigen Kastengeistes oder der Nichtigkeit finanzieller Transaktionen aufgeben wollten.

Die Geschichte hat beiden den Status von Geächteten aufgezwungen, den Parias wie den Parvenüs. Letztere haben sich die tiefe Weisheit von Balzacs Formulierung »On ne parvient pas deux fois«[12] noch nicht zu eigen gemacht, und deshalb verstehen sie die ungestümen Träume der Ersteren nicht und fühlen sich erniedrigt, wenn sie deren Schicksal teilen. Jene wenigen Flüchtlinge, die darauf bestehen, die Wahrheit zu sagen, auch wenn sie anstößig ist, gewinnen im Austausch für ihre Unpopularität einen unbezahlbaren Vorteil: Die Geschichte ist für sie kein Buch mit sieben Siegeln und Politik kein Privileg der Nichtjuden mehr. Sie wissen, dass unmittelbar nach der Ächtung des jüdischen Volkes die meisten europäischen Nationen für vogelfrei erklärt wurden. Die von einem Land ins andere vertriebenen Flüchtlinge repräsentieren die Avantgarde ihrer Völker – wenn sie ihre Identität aufrechterhalten. Zum ersten Mal gibt es keine separate jüdische Geschichte mehr; sie ist verknüpft mit der Geschichte

12 (frz.) »Man kann nicht zwei Mal dasselbe erreichen«; sinngemäß: ›Beim zweiten Versuch klappt es nicht mehr‹.

aller anderen Nationen. Und die Gemeinschaft der europäischen Völker zerbrach, als – und weil – sie den Ausschluss und die Verfolgung seines schwächsten Mitglieds zuließ.

Anhang

Zu dieser Ausgabe

Arendts Aufsatz *We Refugees* erschien zuerst in der Zeitschrift *The Menorah Journal*, Jahrgang 36, Nummer 1 (Januar 1943), Seite 69–77. – © by the Hannah Arendt Bluecher Literary Trust.

Die deutsche Übersetzung erschien zuerst in: Hannah Arendt, *Zur Zeit. Politische Essays*, aus dem Englischen übersetzt von Eike Geisel, herausgegeben von Marie Luise Knott, Berlin: Rotbuch Verlag, 1986. – © für die deutsche Übersetzung Rotbuch Verlag, Berlin.

Der Verlag dankt dem Rotbuch Verlag, Berlin, für die Genehmigung zum Wiederabdruck.

Der Essay von Thomas Meyer wurde unter dem Titel »Hannah Arendt über Flüchtlinge: ›Es bedeutet den Zusammenbruch unserer privaten Welt‹« im Deutschlandfunk am 20. Dezember 2015 zuerst als Radioessay gesendet.

Der Verlag dankt dem Deutschlandfunk für die freundliche Zusammenarbeit.

»Es bedeutet den Zusammenbruch unserer privaten Welt«

Von Thomas Meyer

Für Roswitha Tilgner (1944–2015)

> »Mitwohner sollen wir des Lands hier sein und frei,
> Geschützt vor Zugriff, vor dem Raub durch irgendwen;
> Und keiner der Bewohner soll, kein Fremder uns
> Wegführen; sollt es sein, dass man Gewalt gebraucht,
> Soll, wer nicht eilt zu Hilfe von den Bürgern hier,
> Ehrlos sein, Flüchtling, durch des Volks Beschluss verbannt.
> So war das Wort, das, überzeugend, sprach für uns
> Pelasgias Fürst, vor Zeus', des Flüchtlingsschützers, Zorn,
> Dem schweren, warnt' er, den in Zukunft nie die Stadt
> Großmästen dürfe; wider Gast und Landeskind«.[1]

Knapp 2500 Jahre alt sind diese Zeilen des Aischylos. Doch die Verse aus seiner Tragödie *Die Schutzflehenden* lesen sich wie für heute gültig: Fünfzig aus Ägypten fliehende Mädchen überqueren das Mittelmeer und finden Schutz in der griechischen Stadt Argos, nachdem König Pelasgos und sein Volk diesem zugestimmt haben. Und obwohl das Stück die Grundkonstellation Vertreibung, Flucht und die Verpflichtung des Staates Bürgern und Schutzsuchenden gegenüber sogar ausdrücklich mit der Frage nach dem Zusammenhang von Demokratie und Asyl verbindet, handelt es sich doch um eine Geschichte des Gottes Zeus.

---

1 Aischylos, *Die Schutzflehenden*, Vers 609–618 (Aischylos, *Tragödien*, griech./dt., hrsg. von Bernhard Zimmermann, übers. von Oskar Werner, 7., überarb. Aufl. Mannheim 2011).

>>Gleichwohl tut's not, dass Zeus‹, des Flüchtlings-
schützers, Groll
Man scheut. Weckt er bei Menschen doch die
höchste Furcht.«[2]

Und wenig später heißt es:

>>Gehör gab volkgewinnend-klugen Wendungen
Pelasgias Volk, und Zeus bracht' es zu gutem Schluss.«[3]

Ein Gott lenkt die Geschicke. Kein Politiker, kein Funktio-
när. Keine Beschlüsse internationaler Organisationen. Aischylos sorgt dafür, dass göttlicher und menschlicher Wil-
le miteinander in Einklang kommen. Darin liegt gewiss
der entscheidende Schritt gegenüber all seinen Vorgängern.
Doch damit endet auch Aischylos' Kompetenz.

Warum aber überhaupt heute in die Antike zurück-
gehen?

Wenig von der Philosophie

Seit Immanuel Kant (1724–1804) gibt es umfassende Ver-
suche, Staatsrecht, Völkerrecht und sogar das Weltbürger-
recht den modernen Flüchtlingsbewegungen anzupassen.
Und gerade die politische Philosophie hat immer wieder
betont, dass mit der klassischen Dreiteilung von Staat,
Staatsvolk und Staatsgebiet die völkerrechtlichen Probleme

2 Ebd., Vers 478 f.
3 Ebd., Vers 615 f.

gar nicht mehr gelöst werden können – Probleme politisch Verfolgter, Asylsuchender, sogenannter Wirtschaftsflüchtlinge oder von Menschen, die auf die Anerkennung der Staatsbürgerschaft warten.

Und dennoch ist gegenwärtig aus der Philosophie wenig zu hören, was das Stimmengewirr zwischen den Ausrufen »Wir schaffen das!«[4] und »Untergang des Abendlandes«[5] unterbrechen würde. Zwar finden sich immer wieder Äußerungen von Vertretern des Fachs, doch man merkt ihnen an, dass sie kaum eine Sprache für die aktuelle Situation haben – nicht für die politischen Ursachen, nicht für das Elend, für die Möglichkeiten und Gefahren dessen, was gerade passiert. Soziologen, Politologen und Kulturwissenschaftler finden offensichtlich weitaus leichter Begriffe, um die neue Lage zu beschreiben und zu analysieren. Und so will der Eindruck nicht schwinden, dass zu der Frage, die das Schicksal Deutschlands, Europas oder gar der gesamten westlichen Welt besiegeln könnte, den Philosophen wenig einfällt.

Vielleicht ist diese Erwartung an die Philosophie schlicht überzogen – an eine sich ständig ausdifferenzierende, zugleich aber traditionell langsam reagierende Wissenschaft?

4 Bundeskanzlerin Angela Merkel am 31. August 2015 auf der Sommerpressekonferenz in Berlin. Zitiert nach https://www.bundesregierung.de/Content/DE/Mitschrift/ Pressekonferenzen/2015/08/2015-08-31-pk-merkel.html (2. 3. 2016).

5 Oswald Spengler, *Der Untergang des Abendlandes. Umrisse einer Morphologie der Weltgeschichte*, Bd. 1: *Gestalt und Wirklichkeit*; Bd. 2: *Welthistorische Perspektiven* [1918/22], München 1973.

Warum sollen Philosophen genau dann etwas zu sagen haben, wenn Politiker wie Funktionäre sich ständig wiederholen und der angeblichen Meinung des Volkes hinterherlaufen?

Ein Name allerdings taucht immer wieder auf, wenn von »Flüchtlingen« und der »Philosophie« gesprochen wird: der von Hannah Arendt (1906–1975):

> »Wir haben unsere Sprache verloren und mit ihr die Natürlichkeit unserer Reaktionen, die Einfachheit unserer Gebärden und den ungezwungenen Ausdruck unserer Gefühle. [...] Unsere Identität wechselt so häufig, dass keiner herausfinden kann, wer wir eigentlich sind. [...] und das bedeutet den Zusammenbruch unserer privaten Welt.«

Dieses Zitat aus dem hier abgedruckten Essay (vgl. S. 10 f. und 25) klingt zeitlos, wie eine Strophe aus dem ewiggültigen Klagelied von Entrechteten, Staatenlosen, von Flüchtlingen. Vielleicht deshalb hört und liest man diese Zeilen seit dem Beginn der sogenannten »Flüchtlingskatastrophe« immer wieder. Sie stammen aus Hannah Arendts Essay *We Refugees*, einem kurzen Text, veröffentlicht im Januar 1943 im *Menorah Journal*. Es scheint, als habe der knappen Beschreibung des Verlusts von beruflicher Existenz, der Sprache und der Emotionalität in ihrem Artikel bis heute niemand etwas Substanzielles hinzufügen können. Zumindest dann, wenn man den unzähligen Positionspapieren von Parteien, Aktivisten und Stiftungen glauben mag, die sich jetzt philosophischen Rat holen – wenn schon nicht bei Aischylos, dann wenigstens bei Arendt.

Hannah Arendt, die nach dem Studium der Philosophie bei Martin Heidegger und Karl Jaspers bereits 1933 aus Deutschland nach Frankreich flüchtete, kam über Portugal erst im Mai 1941 in den USA an. Womöglich hat die Vielschreibende und ständig Arbeitende *We Refugees* innerhalb weniger Stunden aus dem Ärmel geschüttelt, einen Text, der zunächst ganz auf die eigene Situation bezogen ist. Sie äußert sich hier erstmals über ihr eigenes Schicksal und das anderer europäischer Juden, die sich vor der nationalsozialistischen Vernichtungsmaschinerie retten konnten. Mit der Figur des Herrn Cohn beschreibt sie darin die Weigerung vieler Jüdinnen und Juden, die den Nazis entkommen konnten, sich als »Flüchtlinge« zu bezeichnen, ihren Versuch, in Staaten und Gesellschaften ihrer Ankunft so schnell wie irgend möglich normale Bürger zu werden.

Im »Wir« von Arendts Essay verschmelzen dabei das eigene Schicksal und das derer, die sie analysiert. Dieses »Wir« ist immerhin sicher, ist mehrfach gerettet worden, hat einen erstaunlichen Optimismus behalten. Und ja, man ist auf das Problem der »Flüchtlinge«, die jetzt Entrechtete und Staatenlose sind, aufmerksam geworden.

Arendt plädiert dabei mit Nachdruck gegen die Anstrengung der Assimilation und für ein neues, ein politisches Selbstbewusstsein der Flüchtlinge, für ihre Sache einzutreten: Sie wechselt rasch die Perspektive – aus dem »Wir« wird ein »Ich«, ein Ich, das ganz alleine die Verantwortung für die folgenden Überlegungen übernimmt, sie nicht auf denjenigen lasten lässt, die millionenfach das gleiche Schicksal teilen: »Doch ehe jemand den ersten Stein auf uns wirft, sollte er sich zuvor daran erinnern, dass wir als Juden keinerlei rechtlichen Status in dieser Welt besitzen« (S. 32).

Ausgestoßen, aber nicht wieder angekommen – so ließen sich Arendts Überlegungen zusammenfassen. Reduziert auf das nackte Mensch-Sein und nur als solches von den aufnehmenden Staaten anerkannt, fällt dann das Identitätsmerkmal weg, dessentwegen die Juden ermordet werden sollten: das Jude-Sein (S. 9): »Mit uns hat sich die Bedeutung des Begriffs ›Flüchtling‹ gewandelt.« Und zwar »so, dass das Wort Flüchtling, das einst einen fast Ehrfurcht gebietenden Klang hatte, die Vorstellung von etwas zugleich Verdächtigem und Unglückseligem [...] erregt.«[6]

Dieses Zitat zeigt, dass es wenig sinnvoll ist, auf Aischylos und all die anderen antiken Traditionen der Gastfreundschaft zurückzugreifen, die den Flüchtling automatisch mit seiner Schutzbedürftigkeit, seiner Verletzlichkeit in Verbindung brachten.

Flüchtlinge im Niemandsland der Rechtlosigkeit: die universelle Frage

Es waren zumeist Einzelne, kleinere Gruppen allenfalls. Erst seit dem Ersten Weltkrieg sind es ganze Völkerschaften, die sich im Niemandsland der Rechtlosigkeit befinden. Und auch für sie spricht Arendt, wenn sie schreibt: »Unsere Identität wechselt so häufig, dass keiner herausfinden kann, wer wir eigentlich sind« (S. 25).

6 Hannah Arendt, »Gäste aus dem Niemandsland«, in: Hannah Arendt, *Nach Auschwitz. Essays und Kommentare* 1, hrsg. von Eike Geisel und Klaus Bittermann, aus dem Engl. übers. von Eike Geisel, Berlin 1989, S. 151.

Doch es ist die jüdische Katastrophe, die Arendt zu einer radikalen Argumentation bewegt, zu einer Radikalität, die offensichtlich bis heute zu herausfordernd ist. Es wird immer wieder vergessen: Sie geht dabei in zwei genau aufeinander abgestimmten Schritten vor:

Zunächst thematisiert sie den Eintritt der Juden in die Geschichte. Sie sind nicht länger ein Volk, das für sich selbst und von anderen als Modell biblischer Schicksalsmuster zu verstehen ist: »Die Geschichte ist für sie kein Buch mit sieben Siegeln und Politik kein Privileg der Nichtjuden mehr« (S. 35). Die nationalsozialistische Vernichtungsmaschinerie setzt Ermordete und Lebende gleichermaßen den brutalen Gegebenheiten der geplanten Auslöschung aus. Beide haben eine gemeinsame Geschichte.

Aber da ist noch etwas Entscheidendes. Das nationalsozialistische Deutschland unterscheidet nicht wirklich. Um der europäischen Juden habhaft werden zu können, werden ganze Nationen zerstört und aufgelöst. Die jüdischen Flüchtlinge wissen deshalb, »dass unmittelbar nach der Ächtung des jüdischen Volkes die meisten europäischen Nationen für vogelfrei erklärt wurden. Die von einem Land ins andere vertriebenen Flüchtlinge repräsentieren die Avantgarde ihrer Völker« (S. 35).

Mit der Benennung der Flüchtlinge als Avantgarde ihrer Völker spielt Arendt den letzten Trumpf ihres Essays aus. Sie spitzt zu, was als Aussage im Jahre 1943 kaum auszuhalten ist: Durch die geplante Vernichtung der europäischen Juden sitzen alle mit den Überlebenden der Vernichtung in einem Boot. Denn was heute den Juden widerfährt, so erlebt es Herr Cohn in *We Refugees*, kann jedem anderen auch passieren. Was letztlich nichts anderes heißt, als dass all das, worauf die früheren Unterscheidungen basierten, mit deren Hilfe man das Verhältnis von Juden und Nichtjuden beschrieb, nicht länger gilt.

Übersetzt heißt das: Die Flüchtlingsfrage ist universell geworden. Sie erfordert eine Überprüfung des Selbstverständnisses von Staaten, das heißt: von der Vorstellung eines in Staatsgrenzen lebenden Staatsvolks, dessen Grenzen durch den Staat garantiert werden. Diese »alte Dreieinigkeit«, wie Arendt später sagen wird, kann nicht länger die Lösung für das sogenannte Flüchtlingsproblem sein. Also taugte der moderne Nationalstaat, wie er sich seit der Französischen und der Amerikanischen Revolution als Modell für die Demokratien durchgesetzt hatte, nicht länger als Lösung für die Flüchtlingsfrage. Der Nationalsozialismus beendete nicht nur die bisherige Geschichte, er stieß auch diejenigen in den Abgrund, die glaubten, nach einer schier endlosen Reihe von Verfolgungen schließlich gerettet zu werden.

Was Arendt damit genau meinte, erläuterte sie wieder in der Zeitschrift *Menorah* zwei Jahre später: In ihrem Essay *Zionism Reconsidered* griff sie die Pläne für die Gründung eines Staates Israel in Palästina an. Das Hauptargument dieses schwer zugänglichen und durchaus problematischen Textes knüpfte unmittelbar an die Überlegungen ihres Essays *We Refugees* an. Wenn die Nationalstaaten weder dem Sturm der Nationalsozialisten gewachsen waren noch das Problem der Flüchtlinge in den Griff bekamen, dann verbot sich eine Rückkehr zu genau einem solchen Staatsmodell. Wer glaubte, so Arendt, man könne nach den Erfahrungen

der Shoah einen jüdischen Staat als klassischen Nationalstaat konzipieren, der sollte sich das Schicksal des Flüchtlings klar vor Augen führen, denn der Flüchtling sei derjenige, der außerhalb jeder staatlichen Ordnung existiert. Einige Jahre später wird Arendt ihre Überlegungen in ihrer
Studie *Elemente und Ursprünge totaler Herrschaft* so zusammenfassen:

>»Dass es so etwas gibt wie ein Recht, Rechte zu haben –
und dies ist gleichbedeutend damit, in einem Bezie-
hungssystem zu leben, in dem man aufgrund von Handlungen und Meinungen beurteilt wird –, wissen wir erst,
seitdem Millionen von Menschen aufgetaucht sind, die
dieses Recht verloren haben und zufolge der neuen
globalen Organisation der Welt nicht imstande sind, es
wiederzugewinnen.«[7]

Recht, Rechte zu haben

Diese inzwischen fast zur Weltformel verklärte Aussage
war nur der Anfang für eine umfassende Reflexion in
Arendts Schriften. Daran erinnert der an der New School
for Social Research lehrende israelische Philosoph Omri
Boehm (geb. 1979):

---

7 Hannah Arendt, *Elemente und Ursprünge totaler Herrschaft.
Antisemitismus, Imperialismus, Totalitarismus*, aus dem Engl.
übers. von der Autorin, 8. Aufl. München 2001, S. 614.

»Arendts Antwort auf die Situation 1945 in Palästina spiegelt sich in der berühmten Wendung vom ›Recht, Rechte zu haben‹. Arendt wusste aber, dass dieses Recht nur Ausdruck des Problems war, nicht seine Lösung. Dafür wäre eine politische Neuformulierung vonnöten. Wahrscheinlich stand diese Überzeugung hinter ihrer Entscheidung, mit dem Zionismus zu brechen. Denn während Arendt das Problem der jüdischen Flüchtlinge lösen wollte, indem sie zu Menschen mit Rechten werden sollten, zog es der Zionismus vor, in alten Kategorien zu denken und die Juden zu Bürgern eines eigenen Staates zu machen.« [8]

Boehm benennt den an dieser Stelle entscheidenden Punkt. Die Rede von der »Avantgarde«, die die Flüchtlinge darstellen, und die uns auffordert, alle früheren geschichtlichen Erfahrungen und Begriffe kritisch zu überprüfen, um das Neue der Lage ganz erfassen zu können, bekommt in der Analyse des Zionismus erstmals Kontur. Es ging Arendt natürlich nicht darum, den in aller Welt zerstreuten Juden das Recht auf Sicherheit und eine neue Heimat abzusprechen. Vielmehr versuchte sie, ein Bewusstsein dafür zu schaffen, dass dafür zunächst das richtige politische Modell gewählt werden müsse, das nicht wieder das vollkommene Versagen von Nationalstaaten und Völkerbund erlebte, von denen keiner seine Bürger vor Übergriffen von Feinden schützen konnte.

8 Omri Boehm, »Unsere Bürger?«, aus dem Engl. übers. von Caspar Shaller, in: *Die Zeit*, Nr. 38, 16. September 2015.

Arendt bekam auf ihren 1943 publizierten Text *We Refugees* zunächst keinerlei Reaktionen. Man hatte buchstäblich andere Sorgen. Das war bei dem Essay über den Zionismus schon anders, auch wenn die Kritik aus dem engsten Freundeskreis kam. Gershom Scholem (1897–1982), der Erforscher der jüdischen Mystik, der seit 1923 in Jerusalem lebte, schrieb seiner Freundin Hannah Arendt am 6. November 1946:

»Aber schade ist es doch um uns – ich dachte mich in gewissen anarchistischen Grundüberzeugungen mit Ihnen einig zu finden, für die Sie nur Mitleid haben. Aber was mich an Ihren antizionistischen Leistungen mehr als der Inhalt verletzt, über den man diskutieren kann, ist mehr noch der Ton, der Diskussion ausschließt.«[9]

Und Scholem glaubte auch, den Grund dafür zu kennen. Im gleichen Brief schreibt er:

»Meine Erfahrungen in Europa sind sehr trübselig und niederdrückend und ich bin bedrückt nach Haus gekommen. Die Distanz zwischen den verschiedenen Judentümern in Europa und Amerika und Palästina ist meines Erachtens katastrophal und nicht mehr einzuholen, durch keine wie immer ausdenkbare Theorie.«[10]

9 Hannah Arendt / Gershom Scholem, *Der Briefwechsel. 1939–1964*, hrsg. von Marie Luise Knott, unter Mitarb. von David Heredia, Frankfurt a. M. 2010, S. 133.
10 Ebd.

Damit sprach Scholem deutlich aus, was Arendt bislang nur angedeutet hatte: Es fehlte eine Theorie. Und wollte sie gegen Scholems Diktum eine solche Theorie des Flüchtlings entwickeln, dann wäre dafür nichts weniger zu leisten als ein Umbau der etablierten politischen Begriffe.

Arendt stellte sich in den folgenden Jahren genau dieser Herausforderung, nicht systematisch, nicht frei von Irrungen und Wirrungen, doch in der festen Überzeugung, eine gültige Theorie zu finden.

Das wichtigste Ergebnis dieser Anstrengungen war die Studie *Elemente und Ursprünge totaler Herrschaft*, in der Arendt »Antisemitismus, Imperialismus, totale Herrschaft« in theoretischen und historischen Analysen in den Blick nahm. 1951 erstmals in englischer Sprache erschienen, war die vier Jahre später vorgelegte deutsche Ausgabe dann aber schlicht ein anderes Buch. Das lag nicht zuletzt an Hannah Arendt selbst, die die Studie übersetzt hatte. Sie suchte eine eigene Darstellungsform für die Probleme, die sie behandelte. Besonders eindrücklich ist ihr das gelungen durch die Einarbeitung eigener Erfahrungen in den Abschnitten über den Antisemitismus und in der Auseinandersetzung mit der Flüchtlingsfrage.

Historiker wiesen Arendts Hauptwerk *Elemente und Ursprünge totaler Herrschaft* zurück, aber das nahm sie bewusst in Kauf. Denn es geht ihr um die möglichst genaue Herausarbeitung der Figur des Flüchtlings. Er ist nunmehr nicht mehr »Avantgarde«, da sie ja glaubt, ihn zumindest theoretisch fassen zu können, sondern jetzt das paradigmatische Ereignis des 20. Jahrhunderts.

Dem Flüchtling steht nichts mehr zur Verfügung: weder Beruf noch Sprache, weder Emotionalität noch Handlungsoptionen. Er hat keine Teilhabe mehr an dem, was man Kultur nennt. »Weltlosigkeit«, »stumme Individualität«, »lebender Leichnam« – er ist der Andere, der Outlaw, ausgeschlossen aus der Gesellschaft – und zugleich vollständig von ihr abhängig:

> »Das Resultat der Katastrophenfolge, die durch den Ersten Weltkrieg eingeleitet wurde, war, dass mehr und mehr Menschen in Situationen gerieten, die weder von dem politischen noch von dem gesellschaftlich herrschenden System vorhergesehen waren.«[11]

Die Schwäche von Arendts Analysen und ein totgeschwiegener Essay

Wenn Arendt in ihren Ausführungen davon spricht, dass die Menschenrechte den Menschen auf sein bloßes Menschsein reduzieren, um ihm, diesem nackten Menschen, Schutz zu gewähren, dann zeigt sich darin nur die große Abstraktheit und gleichzeitige Schwäche ihrer eigentlichen Aufgabe:

> »Der Verlust der Menschenrechte findet nicht dann statt, wenn dieses oder jenes Recht, das gewöhnlich unter die Menschenrechte gezählt wird, verloren geht, sondern nur, wenn der Mensch den Standort in der Welt

11 Arendt (s. Anm. 7) S. 560.

verliert, durch den allein er überhaupt Rechte haben kann und der die Bedingung dafür bildet, dass seine Meinungen Gewicht haben und seine Handlungen von Belang sind.«[12]

Denn die Menschenrechte versagen ausgerechnet an jenem neuen politischen Menschen, der überhaupt deren Ausformulierung motiviert hatte. Sie versagen an denjenigen, die nichts weiter haben als die »abstrakte Nacktheit ihres Nichts-als-Menschseins«.[13]

Es ist übrigens erstaunlich, wie wenig Arendts Essay über den Flüchtling, der 1986 erstmals in deutscher Übersetzung erschien, von ihren Zeitgenossen gelesen wurde. Er wurde in gewisser Weise sogar totgeschwiegen: Die einst sehr einflussreiche und weitverbreitete jüdische Zeitschrift *Menorah*, in der Arendt publiziert hatte, wurde 1962 eingestellt. Zwei Jahre später erschienen die besten Artikel der *Menorah* in einer knapp tausendseitigen Anthologie erneut, aber Arendts Essays fehlten. Offensichtlich hatte der Herausgeber, die Jewish Publication Society, kein Interesse daran, die früheren Texte der Autorin von Eichmann in Jerusalem erneut publik zu machen. Arendt war mit ihrem Prozessbericht 1963 in bestimmten Kreisen zur unerwünschten Person geworden. Doch auch als der Verleger Ron Feldman *We Refugees* nach Arendts Tod 1978 erstmals wieder veröffentlichte, war die Reaktion ausschließlich negativ: Der Philosoph Werner Dannhauser etwa bescheinigte Arendt zwar einen flotten Stil und die Fähigkeit, kom-

12 Ebd., S. 613.
13 Ebd., S. 620.

plexe Zusammenhänge verständlich darzustellen. Doch
We Refugees ordnete er lediglich als eine autobiographische
Bagatelle ein, und Arendts *Zionism Reconsidered* sah er als
Ausdruck ihres böswilligen Unverständnisses der Lage der
Juden in Palästina.

Wer in Arendts Texten nach bis heute gültigen Aussagen zur Flüchtlingsfrage sucht, darf aber nicht bei den
bekannten Zitaten stehenbleiben. Wer sucht, wird fündig
werden, wenn auch an abgelegenen Stellen ihres Werks.
Bis zu ihrem Tod 1975 hatte Arendt sich fortlaufend und
systematisch für die Flüchtlings-Problematik interessiert.
Anlässlich einer Radio-Diskussion am 6. März 1963 in Köln
fasste sie ihre Thesen einleitend präzise zusammen:

»Die Lebensunfähigkeit gerade dieser Staatsform – und
die Form scheitert an Fragen des Lebens, denn das sind
alle wirtschaftlichen Fragen, wenn Sie sie recht betrachten – in der modernen Welt ist längst erwiesen, und je
länger man an ihr festhält, umso böser und rücksichtsloser werden sich die Pervertierungen nicht nur des Nationalstaats, sondern auch des Nationalismus durchsetzen.
Man sollte nicht vergessen, dass die totale Herrschaft,
vor allem auch in der Form des Hitler-Regimes, nicht zuletzt dem Zusammenbruch des Nationalstaats und der
Auflösung der nationalen Klassengesellschaft geschuldet war. Es war im Grunde ein Zersetzungsprodukt,
wenn man es rein objektiv betrachten will. Der Souveränitätsbegriff des Nationalstaats, der ohnehin aus dem
Absolutismus stammt, ist unter heutigen Machtverhältnissen ein gefährlicher Größenwahn. Die für den Nationalstaat typische Fremdenfeindlichkeit ist unter heuti-

gen Verkehrs- und Bevölkerungsbedingungen so provinziell, dass eine bewusst national orientierte Kultur sehr schnell auf den Stand der Folklore und der Heimatkunst herabsinken dürfte. Wirkliche Demokratie aber, und das ist vielleicht in diesem Zusammenhang das Entscheidende, kann es nur geben, wo die Machtzentralisierung des Nationalstaats gebrochen ist und an ihre Stelle die dem föderativen System eigene Diffusion der Macht in viele Machtzentren gesichert ist.«

Arendts Texte sind oftmals nur noch in einer sehr grundsätzlichen Weise auf die heutige Situation übertragbar. Trotzdem hat vieles von dem, was sie 1963 in dem Radiogespräch äußerte, noch Bestand. Und mehr noch: Auch wenn Arendt die Fortschreibung des internationalen Rechts nicht kennen konnte, hat sie die Konsequenzen der Entwicklung erschreckend genau vorhergesehen: Dass das Ende des Nationalstaats ein dramatisches Machtvakuum hinterlassen hat, wird jedem klar, der die Entwicklungen in Afghanistan, Libyen und vielen afrikanischen Staaten beobachtet. Die sogenannte internationale Gemeinschaft ist bis heute offensichtlich nicht in der Lage, die Verantwortung für zerbrochene Staaten und entrechtete Völker zu übernehmen. Insofern stimmt Arendts Analyse noch immer. Und dass dies sich in der Figur des Flüchtlings konzentriert, diese Einsicht verdanken wir ausschließlich Hannah Arendt.

Notwendigkeit weltweiter egalitärer Strukturen

Die Welt hat sich gedreht. Neue intellektuelle Stimmen setzen anders und neu an, wenn sie Analyse und eigene Erfahrungen miteinander verbinden. Aktuelles Beispiel etwa ist Achille Mbembes 2014 ins Deutsche übersetzte Buch *Kritik der schwarzen Vernunft*, das die Geschichte der als Sklaven gehaltenen Vorfahren als Beispiel für die Notwendigkeit weltweiter egalitärer Strukturen begreift – oder der 2015 auf Deutsch erschienene Roman *Erschlagt die Armen!*, in dem die in Frankreich lebende und aus Indien stammende Shumona Sinha die eigene Flucht und die Arbeit mit Flüchtlingen als Zwangssystem entlarvt.

Doch was in Literatur, Soziologie und Politikwissenschaft zu ausführlichen Reflexionen führt, hat in der Philosophie wenig Resonanz gefunden:

Der italienische Philosoph Giorgio Agamben (geb. 1942) galt für einige Zeit als derjenige, der Arendts Überlegungen hätte weiterführen können. Seine Idee des »nackten Lebens«, die ausgehend von der Ausnahmesituation in den nationalsozialistischen Vernichtungslagern eine Ethik entwickeln wollte, verblieb jedoch ganz im Stadium der Kritik am liberalen Rechtsstaat. Eine Weiterentwicklung dessen, was bei Arendt zunächst »Avantgarde« und dann die Grenze des Menschen bezeichnete, nämlich die sehr konkrete Figur des »Flüchtlings«, wurde bei Agamben zum Fetisch einer Scheinradikalität.

Man wird lange suchen müssen, will man eine plausible Anwendung von Arendts Überlegungen auf unsere Gegenwart finden. Womöglich ist dies erstmals der jungen türkischen Politikwissenschaftlerin Ayten Gündoğdu gelungen: Sie lehrt am Barnard College der New Yorker Columbia University und hat in ihrer soeben auf Englisch erschienenen Studie *Rightlessness in an Age of Rights* (»Rechtlosigkeit im Zeitalter der Rechte«) eine gelungene Konfrontation zwischen modernen Rechtstheorien und deren Umsetzung mit Arendts Überlegungen zum »Flüchtling« vorgelegt. Insbesondere die Sorge Arendts, dass die auf die Aufklärung zurückgehende Einheit Staat – Staatsvolk – Staatsterritorium gänzlich Institutionen überlassen wird, scheint sich, so Gündoğdu, herumgesprochen zu haben. Denn Institutionen sind nur so gut und hilfreich wie diejenigen, in deren Namen sie agieren. Der schöne Schein des Namens Demokratie und der sie tragenden Institutionen garantiert eben als solcher rein gar nichts.

Auch der Frankfurter Philosoph Christoph Menke (geb. 1958) hat 2015 mit einer umfassenden *Kritik der Rechte* einen Versuch vorgelegt, Recht über die ihm innewohnende Gewalt zu bestimmen. Der »Flüchtling«, so könnte man Menkes Versuch lesen, der in einem Land aufgenommen und zum Bürger wird, erhält die bürgerlichen Rechte. Diese Rechte aber sind nur dann Rechte, wenn sie – gegen andere – durchgesetzt werden. Und dieser scheinbar natürliche Vorgang setzt voraus, dass die Rechte des einen die Beschneidung der Rechte von anderen sind. Wer aber Rechte erhält und wer nicht, das regeln Institutionen und Gerichte. Deshalb möchte Menke – hierin kann man ihn von Arendt zumindest inspiriert sehen – zu einem »neuen Recht« vorstoßen und schließt sein Buch mit den Worten:

»Das neue Recht ist daher das Recht, dessen Gewalt darin besteht, sich aufzulösen: die Gewalt, die mit ihrer

Ausübung sofort beginnen wird abzusterben. Die Gewalt des neuen Rechts ist die Gewalt der Befreiung.«

Vielleicht aber kann doch das Theater die Dringlichkeit der Situation der Flüchtlinge politisch und philosophisch am präzisesten nachvollziehen. Elfriede Jelinek hat sich in *Die Schutzbefohlenen*, einer theatralischen Anklageschrift, unter anderem mit Aischylos' *Schutzflehenden* befasst: Sie führt uns an die Grenzen bürgerlicher Sicherheit, führt das Regelsystem ad absurdum. Dem Flüchtling wird geholfen, weil er das mögliche eigene Schicksal der Helfenden verkörpert. Das ist für eine (stets zynische) Jelinek kein Ausdruck von Menschenliebe, sondern kommt einer Abwehr böser Dämonen gleich, die einen selbst befallen können. Man darf solches getrost als Arendtsche Gedankenfigur annehmen.

Es muss festgehalten werden: Wer sich auf Hannah Arendt beruft, beschwört eine Theoretikerin, die immer gedanklich in Bewegung war. Sie zu zitieren heißt vor allem, sie weiterdenken zu müssen. Im Umgang mit der Flüchtlingsfrage wird sich zeigen, ob wir sie aufmerksam gelesen haben.

Zu Autorin und Werk

Hannah Arendt (1906–1975) wuchs in einer nichtreligiösen jüdischen Familie auf, verließ früh die Schule (mit vierzehn Jahren soll sie bereits Kants *Kritik der reinen Vernunft* und Jaspers' *Psychologie der Weltanschauungen* sowie Werke von Søren Kierkegaard gelesen haben), machte als Siebzehnjährige 1924 eine schulexterne Abiturprüfung und begann sofort, Philosophie, evangelische Theologie und Klassische Philologie in Marburg zu studieren: Dort verliebten sich die junge Frau und der damals 35-jährige Familienvater Martin Heidegger (1889–1976) ineinander, eine Tatsache, die erst 1982 durch die Biographie von Elisabeth Young-Bruehl bekannt wurde. Als Studienorte folgten für Arendt Freiburg und Heidelberg. 1928 promovierte sie mit ihrer Arbeit *Der Liebesbegriff bei Augustinus. Versuch einer philosophischen Interpretation* bei Karl Jaspers (1883–1969).

1933 emigrierte sie nach achttägiger Inhaftierung als Jüdin durch die Geheime Staatspolizei (Gestapo) nach Frankreich und 1941 in die USA, wo sie schnell eine einflussreiche Publizistin wurde: Von 1941 bis 1945 arbeitete sie bei der deutsch-jüdischen Wochenzeitschrift *Der Aufbau* in New York. Von 1944 bis 1946 war sie Forschungsleiterin der Conference on Jewish Relations und von 1944 bis 1948 Cheflektorin im Salman Schocken Verlag. Ab 1948 übernahm sie den Posten der Geschäftsführerin der Commission on Jewish Cultural Reconstruction. Von 1953 bis 1958 war sie Professorin am Brooklyn College in New York, von 1963 bis 1967 Professorin an der Universität von Chicago und ab 1967 Professorin an der New School for Social Research in New York.

Weltweit bekannt wurde sie mit ihrem 1963 in englischer Sprache erschienenen Bericht über den Eichmann-Prozess in Jerusalem: Schnell wurde ihr Text über den Organisator der sogenannten Endlösung, Adolf Eichmann (1906–1962), der vom israelischen Geheimdienst entführt, in Jerusalem vor ein Gericht gestellt, zum Tode verurteilt und hingerichtet wurde, scharf attackiert: So hatte sie Eichmann als »normalen« Menschen bezeichnet (die Richter hätten einfach nicht zugeben können, »daß ein durchschnittlicher, ›normaler‹ Mensch, der weder schwachsinnig noch eigentlich verhetzt, noch zynisch ist, ganz außerstande sein soll, Recht von Unrecht zu scheiden«, S. 100), ihn also nicht als Irren oder Psychopathen hingestellt.

Auch hatte sie harsche Worte gefunden gegen eine Kollektivschuldthese (es habe sich »inzwischen wohl herumgesprochen, daß es eine Kollektivschuld nicht gibt und auch keine Kollektivunschuld, und daß, wenn es desgleichen gäbe, niemand je schuldig oder unschuldig sein könnte«, S. 67) oder gegen rassistische Tendenzen in Israel (wo »der Personalstatus jüdischer Bürger durch rabbinisches Gesetz bestimmt wird, kein Jude einen Nichtjuden heiraten darf, völkische Unterschiede also juristisch verankert sind« und deshalb »die Unbekümmertheit, mit der der Ankläger die berüchtigten Nürnberger Gesetze von 1935 anprangerte, in denen Eheschließung und Geschlechtsverkehr zwischen Deutschen und Juden verboten wurden«, einem »einigermaßen den Atem« verschlug, S. 74 f.).

Zusätzlich beunruhigte viele die Wahl des Begriffes »Banalität« im Titel, denn in der deutschen Übersetzung wirkt die Formulierung (»banal« wie ›billig‹ oder ›unwichtig‹) fast wie der Versuch, die Taten Eichmanns kleinzureden (auf

Englisch bedeutet das Wort jedoch so viel wie ›selbstver-
ständlich‹ oder ›weit verbreitet‹). Mit dem Begriff »Ver-
ruchtheit« versuchte sie, ihr Verständnis der Person Eichmanns klarer zu umreißen. In seinen letzten Minuten sei es
gewesen (S. 375),

> »als zöge Eichmann selbst das Fazit der langen Lektion
> in Sachen menschlicher Verruchtheit, der wir beige-
> wohnt hatten – das Fazit von der furchtbaren Banalität
> des Bösen, vor der das Wort versagt und an der das Den-
> ken scheitert.«

Von anderer Seite brach eine weitere Welle der Kritik über
sie herein, weil sie die Rolle der jüdischen Opfer unter dem
Stichwort »Kollaboration« kritisiert und etwa jüdische Ein-
richtungen angegriffen hatte, die den Nazis bei der Erstel-
lung von Personen- und Besitzlisten geholfen und Ord-
nungsaufgaben übernommen hätten: Viele ihrer Freunde
und Bekannte wie etwa Gershom Scholem (1897–1982) und
Hans Jonas (1903–1993) wandten sich daraufhin von ihr ab.

Ihre bissigen und manchmal pauschalen Aussagen brachten sie aber vor allem in Konflikt mit zionistischen Strö-
mungen, die im neu gegründeten Staat Israel die rettende
Zuflucht für alle Juden sehen wollten (der Prozess sollte
aber allen »zeigen, was es bedeutet, unter Nichtjuden zu leben, er sollte sie davon überzeugen, daß ein Jude nur in Israel sicher sein und in Ehren leben kann«, S. 75; doch wenn
»Völkermord im tatsächlichen Bereich zukünftiger Möglichkeiten liegt, dann kann kein Volk der Erde – am wenigs-
ten natürlich das jüdische Volk, in Israel oder anderswo –
sich darauf verlassen, daß die bestehenden politischen Ein-

richtungen ihm die Kontinuität der Existenz ohne einen völkerrechtlich gesicherten Anspruch und den Schutz internationaler Gesetze garantieren«, S. 397). Angegriffen wurde Arendt zum einen, weil sie Institutionen wie Staaten nach den Erfahrungen der Herrschaft der Nazis zutiefst misstraute (ein Motiv, dass auch im Essay *Wir Flüchtlinge* immer wieder auftaucht), und zum anderen, weil ein größerer Teil der überlebenden jüdischen Funktionäre inzwischen hohe Posten in Israel innehatte.

Diese Kritikpunkte können die Wirkmächtigkeit und Bedeutung von Arendts Werk in keiner Weise schmälern: Ihre Texte über Totalitarismus, Gewalt oder das Böse gehören zu den wichtigsten Texten über diese Themen überhaupt. Ihr hier nun erstmals als Einzelausgabe vorliegender Aufsatz zum Thema Flüchtlinge ist ein wichtiger Bezugspunkt für alle Debatten zum Thema.

Werke von Hannah Arendt (Auswahl)

Der Liebesbegriff bei Augustin. Versuch einer philosophischen Interpretation. Berlin 1929.

What is Existenz Philosophy? New York 1946. – Dt.: Was ist Exis-
tenzphilosophie? In: Hannah Arendt: Sechs Essays. Heidelberg
1948.

Es gibt nur ein einziges Menschenrecht. In: Die Wandlung 4 (1949),
S. 754–770.

The Origins of Totalitarianism. New York 1951. – Dt.: Elemente und
Ursprünge totaler Herrschaft. Frankfurt a. M. 1955.

The Human Condition. Chicago 1958. – Dt.: Vita activa oder Vom
tätigen Leben. Stuttgart 1960.

Eichmann in Jerusalem: A Report on the Banality of Evil. New York
1963. – Dt.: Eichmann in Jerusalem. Ein Bericht von der Banalität
des Bösen. München 1964.

On Revolution. New York 1963. – Dt.: Über die Revolution. München
1963.

Some Questions of Moral Philosophy 1965. – Dt.: Einige Fragen der
Ethik. Vorlesung in vier Teilen. In: Hannah Arendt: Über das
Böse. Eine Vorlesung zu Fragen der Ethik. Aus dem Nachlass hrsg.
von Jerome Kohn. Aus dem Engl. übers. von Ursula Ludz. Mit
einem Nachw. von Franziska Augstein. München 2006.

On Violence. New York / London 1970. – Dt.: Macht und Gewalt.
München 1970.

Lectures on Kant's Political Philosophy, Chicago 1982. – Dt.: Das
Urteilen. Texte zu Kants politischer Philosophie. Aus dem Nachlass hrsg. und mit einem Essay von Ronald Beiner. Aus dem Engl.
übers. von Ursula Ludz. München 1985.